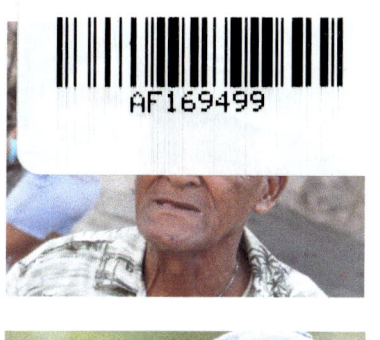

Herstellung und Verlag:
BoD - Books on Demand, Norderstedt
ISBN 978-3-7412-2804-9

Der Katalog zur Ausstellungsserie enthält eine kleine Auswahl von Fotos, hier speziell Portraits, die 2013 auf Cuba und in den folgenden Jahren mit Freunden*innen aus Cuba in Berlin entstanden sind.
Wir danken insbesondere den Gastgebern der Ausstellung. Wir durften sie bereits im Karl-Liebknecht-Haus, Café Sibylle, Zielona Góra Stadtteilladen und dem Zimmer16 in Pankow präsentieren. Fotos dieser Serie fanden sich in den vergangenen Jahren unter anderem im Cuba-Kalender der Tageszeitung Junge Welt.

Andrea Kähler

Tief im Norden eines kleinen und vergangenen Landes geboren, früh in Berlin gelandet, sich bei den Menschen hier spürbar wohlgefühlt und also geblieben. Das spiegelt sich in Andreas Fotos und ihrem Arbeitsstil, ob Porträt oder Szene, lebensfroh wider. Der hautnahe Kontakt zum Inhalt ihrer Reportagen wird dem Betrachter schnell deutlich.

Peter Zenker

Jens Schulze

Im Jahr 1967 im Sozialismus geboren, Spezialschule für Mathematik und Physik, Offiziershochschule der Luftstreitkräfte/Luftverteidigung der Nationalen Volksarmee mit Abschluss als Diplomingenieur für Elektrotechnik/Elektronik. 1990 unfreiwillig im Kapitalismus gelandet, zwangsläufig den Beruf gewechselt. Dann Elektroingenieur bei der Bahn und ab 1995 Bahnplaner für Gleisbau in einem selbständigen Planungsbüro. Bereits ab der frühen Schulzeit nebenbei Malerei, Grafik, Druck und Fotografie betrieben, stets verbunden mit politischer Arbeit. Im Mittelpunkt der Arbeiten stehen der Mensch und die ihn umgebende Gesellschaft.

Andrea Kähler

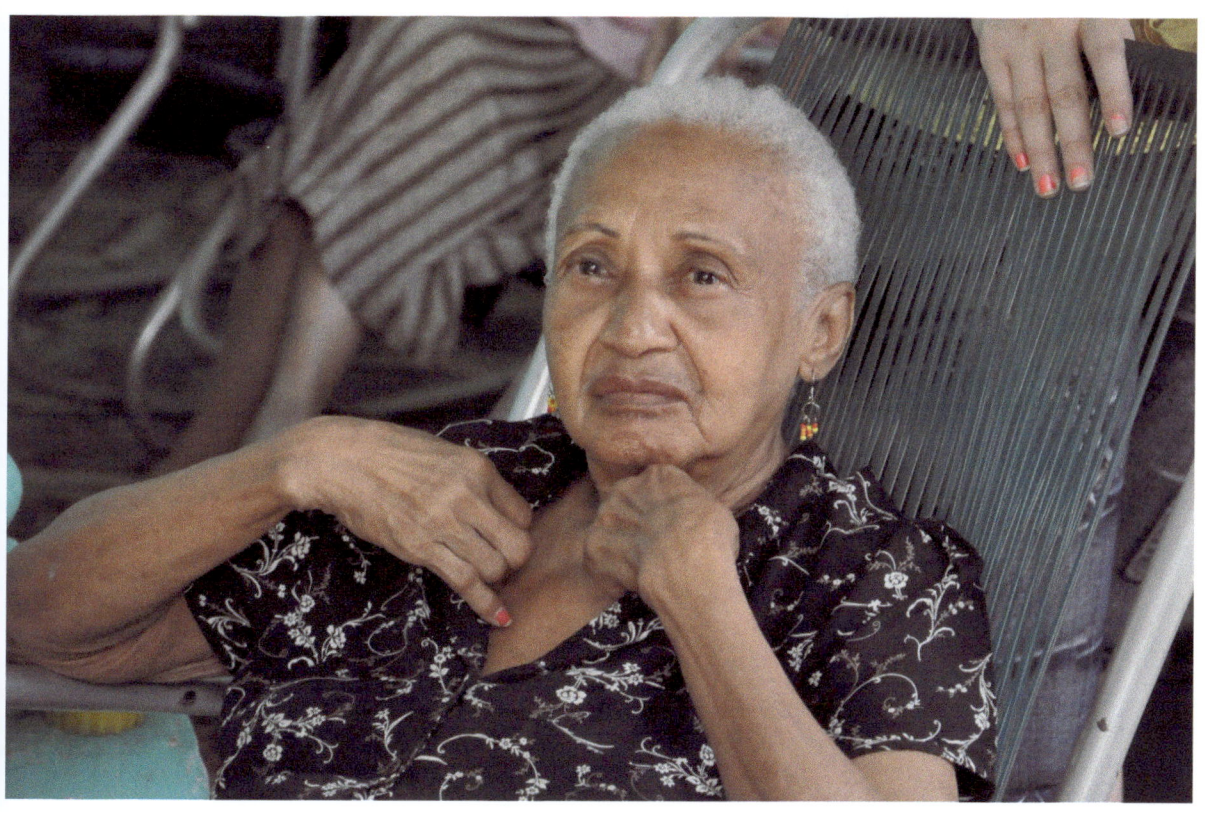